MARICOTA VAI À ESCOLA

UM LIVRO SOBRE A SAUDADE AO FICAR LONGE DE CASA

Gabriella Seikel

MARICOTA VAI À ESCOLA

Nota aos cuidadores

O período de adaptação escolar pode não ser fácil para as crianças. Ela está saindo da sua casa e de perto das pessoas que confia para encarar um novo espaço desconhecido. É interessante que durante essa adaptação a criança possa levar algum objeto de sua casa que goste muito e traga conforto para se sentir mais confiante e segura enquanto estiver longe de seus adultos cuidadores. A criança deve participar da escolha desse objeto para não ser algo imposto e ter sentido para ela. Além disso, a conversa e acolhimento dos sentimentos infantis é de suma importância para que, aos poucos, ela abandone o objeto e consiga seguir em frente com segurança e confiança na família.

ESTE LIVRO PERTENCE A:

Esta é Maricota.
Maricota é uma criança muito feliz,
ama passear, brincar com os
animais e ir ao parque.

Mas o que ela mais ama mesmo é fica
agarradinha com sua família. Então,
toda vez que vai à escola ou fica longe
de seus cuidadores, ela fica triste e
sente muita saudade!

Quando a saudade aparece no coração da Maricota, ela não sente vontade de brincar com seus amigos ou de fazer as tarefas. Só fica pensando em como quer logo estar em casa com as pessoas que ama.

TIC TAC
TIC TAC
O tic tac do relógio
demora muuuuuito a
passar

Se sentir dessa forma pode ser ruim e até dar vontade de chorar, mas é normal. Todo mundo sente saudade... adultos, crianças, bebês e velhinhos.

Um dia sua família teve uma ideia muito legal e que poderia ajudar Maricota a conter a saudade. Você quer saber como?

Antes de ir para a escola, Maricota começou a escolher duas coisas: uma foto de sua família e alguma outra coisa que gosta muito.

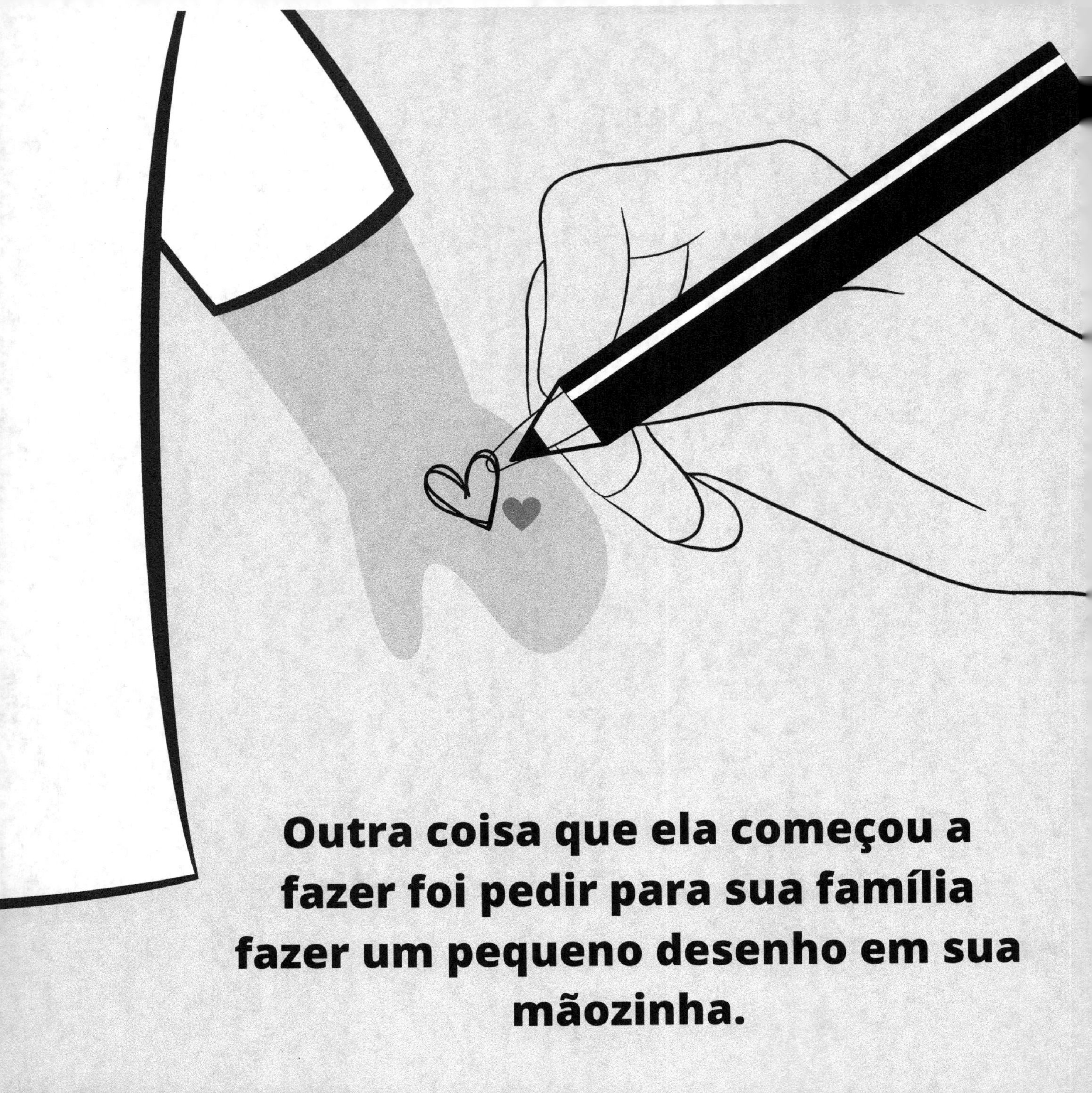

Outra coisa que ela começou a fazer foi pedir para sua família fazer um pequeno desenho em sua mãozinha.

Assim, quando Maricota sentia saudade, podia olhar para o desenho da sua mão ou pegar a foto da sua família.

As coisas que ela levava para a escola a ajudavam a lembrar que assim que a aula acabasse, ela voltaria para sua casa.

Então, Maricota começou a ter vontade de sair de casa pra estudar, brincar com seus amigos...

e de fazer as atividades também

Ela sabia que caso sentisse saudade, era só pegar aquelas coisas tão especiais que guardava na mochila.

E o tic tac do relógio que era tão devagar, passou a ser mais rápido.

Ao final da aula, sua família sempre estará com Maricota para abraçar, beijar, dar e receber muito carinho. Ela entendeu que saudade é um sentimento normal como todos os outros e que tudo bem sentir.

O mais importante é lembrar que ela nunca estará sozinha!

FIM!!

www.ingramcontent.com/pod-product-compliance
Lightning Source LLC
LaVergne TN
LVHW080418200726
843506LV00004B/345